BEI GRIN MACHT SICH IHR WISSEN BEZAHLT

AF143263

- Wir veröffentlichen Ihre Hausarbeit, Bachelor- und Masterarbeit

- Ihr eigenes eBook und Buch - weltweit in allen wichtigen Shops

- Verdienen Sie an jedem Verkauf

Jetzt bei www.GRIN.com hochladen und kostenlos publizieren

Aktives Zuhören.
Kommunikationsmodelle, Grundannahmen und Techniken

Tassilo Wölflein

Bibliografische Information der Deutschen Nationalbibliothek:

Die Deutsche Nationalbibliothek verzeichnet diese Publikation in der Deutschen Nationalbibliografie; detaillierte bibliografische Daten sind im Internet über http://dnb.d-nb.de abrufbar.

ISBN: 9783346792242
Dieses Buch ist auch als E-Book erhältlich.

Druck und Bindung: Books on Demand GmbH, Norderstedt Germany
Gedruckt auf säurefreiem Papier aus verantwortungsvollen Quellen

Das vorliegende Werk wurde sorgfältig erarbeitet. Dennoch übernehmen Autoren und Verlag für die Richtigkeit von Angaben, Hinweisen, Links und Ratschlägen sowie eventuelle Druckfehler keine Haftung.

Das Buch bei GRIN: https://www.grin.com/document/1313422

Hochschule für angewandtes Management

Fakultät Betriebswirtschaft

Sommersemester 2022

Präsentationsunterlage

Kurs: Kommunikation und Präsentation

Aktives Zuhören

1. Einleitung

Seit langem ist man sich schon einig, dass Zuhören enorm wichtig für die zwischen-menschliche Kommunikation ist. Wer nicht genau zuhört, der versteht seine Gegenüber nicht richtig und geht das Wagnis ein, dass problematische Missverständnisse entstehen können. Zuhören ist außerdem eine Frage des Respekts dem Gesprächspartner gegen-über. Das Aktive Zuhören ist eine Reaktion der interpersonellen oder auch zwischen-menschlicher Kommunikation. Unter aktivem Zuhören versteht man also die Reaktion des Zuhörers auf die Botschaften des Sprechers. Erstmalig hat der amerikanische Psy-chologe Carl Rogers dies als Werkzeug für seine Klientenzentrierte Psychotherapie de-finiert. Beim aktiven Zuhören verfolgt man mehrere Ziele.

Auf der Zwischenmenschlichen Ebene soll zwischen den Gesprächspartner gegenseiti-ges Vertrauen aufgebaut werden. Außerdem versucht man so eine zwischenmenschliche Beziehung aufzubauen.

Auf der rhetorischen Ebene soll das aktive Zuhören dafür genutzt werden, eine gewalt-freie Kommunikation zu führen, indem man Zeit gewinnt und den Gesprächspartner versucht abzulenken.

Wie bereits oben erwähnt, können im Gespräch problematische Missverständnisse ent-stehen, wenn der Zuhörer nicht konzentriert ist. Dies soll mit aktivem Zuhören ebenfalls vermieden werden. Durch das Feedback, dass im Gespräch zur Sprache kommt, soll zu-sätzlich ein gewisser Lerneffekt entstehen.

In der wissenschaftlichen Literatur wird meistens das Zuhörmodell von Rogers zitiert. In den folgenden Kapiteln werden genauere Einblicke in sein und das Kommunikations-modell eines weiteren Psychologen gegeben.

2. Kommunikationsmodelle

Das erste Modell der Kommunikation ist das aktive Zuhören. Bei dieser Art der Kom-munikation hat Carl Rogers ein maßgebliches Modell aufgestellt.

Carl Rogers wurde 1902 in Chicago geboren. Rogers begann anfangs sein Studium im Fachbereich Agrarwissenschaften. Allerdings wechselte er darauf rasch zur Theologie und reiste 1922 für Sechs Monate nach China.

Auf dieser Reise wurde er laut eigenen Aussagen zu einem „unabhängigen Menschen".[1]
Nach seinem abgeschlossenen Studium begann er seine Tätigkeit als klinischer Psychologe. Dabei lernte er die Ansichten über die Psychoanalyse Freuds kennen. Dazu veröffentlichte Rogers im Laufe der Jahre einige Bücher. Das erfolgreichste Buch war das in 1961 erschienene *On Becoming a Person*. Darin beschreibt Rogers den Prozess der Persönlichkeitsentwicklung.

Doch Rogers wichtigstes Themengebiet war die Gesprächspsychotherapie. Er entwickelte ein Modell zum Aktiven Zuhören was auch heute noch von vielen als effektives Werkzeug in der Therapie genutzt wird.

In seinen letzten 15 Jahren beschäftigte Rogers sich schließlich mit der Friedenspolitik. Dafür wurde er Anfang 1987 für den Friedensnobelpreis nominiert. Jedoch stürzte Rogers, wobei er sich die Hüfte brach und erholte sich davon nicht mehr. Am Vierten Februar 1987 verstarb Carl Rogers.

3. Aktives Zuhören

„Wirksame Beratung besteht aus einer eindeutig strukturierten, gewährenden Beziehung, die es dem Klienten ermöglicht, zu einem Verständnis seiner selbst in einem Ausmaß zu gelangen, das ihn befähigt, aufgrund dieser neuen Orientierung positive Schritte zu unternehmen."[2]

Wie bereits erwähnt prägte Rogers die Persönlichkeitspsychologie sehr stark. Seine Aussage bezieht sich auf die Therapie eines Klienten.

Genauer gesagt, dass der Klient seiner selbst besser versteht, wenn er eine eindeutige und strukturierte Beziehung aufbauen kann. In diesem Fall ist die Beratung laut Rogers auch wirksam.

Empathie, Akzeptanz und die Inneren Gefühle sind die Hauptschlagwörter die Rogers für sein Modell eingeführt hat. Im Folgenden werden die Drei Schlagwörter genauer beschrieben.

---

[1] Vgl. Rogers, C. 1973

[2] Rogers, C. 1961

Unter Empathie setzt Rogers das Einfühlungsvermögen des Therapeuten fest. Nur wenn dies vorhanden ist, spricht man von einer „powerfull experience". Der Therapeut muss dabei für den Patienten eine Art Gefährte sein, der ihn in der Inneren Welt begleitet und unterstützt.

Als nächstes muss die Akzeptanz gegeben sein. Rogers meint hierbei nicht nur die einseitige Akzeptanz, sondern die beidseitige vom Patienten zum Therapeuten und umgekehrt. Sollte die Akzeptanz in eine Richtung nicht vorhanden sein, so wird die Therapie nicht nutzbringend.

Als letztes definiert Rogers die tiefste Form der Anerkennung. Die Rede ist von den Innersten Gefühlen. Die Innersten Gefühle beider Parteien müssen übereinstimmen damit die Therapie sinnvoll ist. [3]

3.1. Grundannahmen von Rogers

Die Grundannahmen die Rogers von seinem Modell zum Aktiven Zuhören hat unterliegen alle der humanistischen Psychologie. Zielführend ist es hierbei, dass die Einzigartigkeit und das Fühlen des Patienten anerkannt und respektiert werden muss. So gelangt der Klient schlussendlich selbständig zu einer adäquaten Sichtweise, was Hauptziel sein soll. Auf dem Weg dahin muss sich der Therapeut vollkommen auf die Erlebniswelt des Klienten konzentrieren. Des Weiteren sollte er versuchen sich dieser auch bewusstwerden. Mögliche Inkongruenzen, also Unstimmigkeiten, zwischen dem Selbstkonzept und den Erfahrungen des Klienten gilt es aufzulösen.

3.2. Grundannahmen von Steil

Ein weiterer Autor, der sich mit dem Aktiven Zuhören befasst hat ist Lyman K. Steil. Für Steil bedeutet richtiges Zuhören vor allem das Gesagte zu begreifen.

---

[3] Weinberger, 2013

Dafür hat er ein Modell aus vier Stufen aufgestellt. Das sogenannte WIBR-Modell. WIBR setzt sich aus den einzelnen Stufen des Modells zusammen.

Die erste Stufe ist die Wahrnehmungsstufe (W). Die Wahrnehmung bezieht sich nicht nur auf das Hören des Gesagten, sondern auch auf das Sehen der Mimik.

Die zweite Stufe ist die Interpretation (I) der vorherigen Faktoren. Die Grundlage der Sinneserfassung ist hierbei die eigene Erfahrung und die eigenen Glaubenssätze.

Als nächstes kommt die Bewertungsstufe (B). Bei dieser Stufe folgt die Annahme oder Ablehnung, die ebenfalls auf der eigenen Erfahrung basiert.

Die letzte Stufe ist die Reaktion (R). Hierbei wird vom Zuhörer angemessen geantwortet. Dies kann verbal aber auch nonverbal geschehen.

Je nachdem wie groß das Interesse des Zuhörers ist, kann er die Gestik und Mimik mehr oder weniger deutlich wahrnehmen. Dementsprechend werden dann seine Eindrücke gedeutet. [4]

4. Techniken

Damit das Aktive Zuhören auch im Alltag umgesetzt werden kann, hat Rogers hierzu einen mehrstufigen Ansatz entwickelt.

Der Erste Schritt ist dabei das Paraphrasieren. In einem Gespräch sollte also die eine Person das bereits Gesagte nochmal mit seinen eigenen Worten zusammenfassen.

Darauf folgt das Verbalisieren. Bei diesem Schritt werden außerdem noch die Emotionen des Senders zur Sprache gebracht.

Als nächstes Folgen mögliche Nachfragen um die Emotionen noch genauer in eigene Worte zusammen zu tragen.

In der Nächsten Phase kann die Person noch Dinge ergänzen, falls es noch etwas gibt was noch nicht ausgesprochen wurde.

Zuletzt werden noch Unklare Dinge zwischen den beiden Personen aufgeklärt und man tauscht sich so lange aus, bis alles gelöst ist.

Wie diese Techniken auch im Alltag angewendet werden kann wird im folgenden Kapitel erörtert[5]

---

[4]Lymann K. Steil, Joanne Summerfield, George DeMare,1986

[5] Bay, R. 2021

5. Fallbeispiel: 16-jähriger Junge

Das Szenario: Ein 16-Jähriger Junge ist beim Therapeuten. Der Therapeut lässt den Jungen erzählen und wendet dann die oben erwähnten Schritte, auf die folgende Aussage des Jungen an:

„Ja, und dann gibt es eben sehr viele, die mich nicht mögen, einfach so. Dabei kennen sie mich eigentlich kaum. Ich weiß gar nicht, wieso das so ist."

Darauf antwortet der Therapeut: „War das schon immer so? Gibt es da wirklich niemanden, der dich mag?" Der Therapeut stellt diese Fragestellung auf und Paraphrasiert gleichzeitig, indem er das Gesagte nochmal in eigenen Worten aufgreift.

Darauf will er die Emotionen des Jungen aufgreifen und versucht ihm einen Ratschlag zugeben in dem er ihm folgendes sagt:

„Versuch doch einfach mal, auf die anderen zuzugehen. Womöglich stellst du fest, dass die anderen dich gar nicht so ablehnen, wie du denkst."

Im nächsten Schritt gibt der Therapeut dem Jungen ein Werturteil über seine Emotionen.

„Du solltest nicht so viel rum grübeln, ob die anderen dich nun mögen oder nicht. Dadurch kapselst du dich doch nur immer mehr ab. Das ist das Verkehrteste, was du tun kannst.

Nimm das doch nicht so tragisch. Die werden ihre Ansichten schon noch ändern."

Mit diesen zwei Sätzen versucht der Therapeut eine Bagatellisierung aufzustellen. Das bedeutet, dass er dem Jungen gut zureden, ihm die Situation etwas verharmlosen und runterspielen will.

Als letztes sagt er Folgendes:

„Das Beschäftigt dich ziemlich stark, warum du abgelehnt wirst."

Diese Aussage ist nochmal eine Zusammenfassung aller gesagten Dinge und der Emotionen die der Therapeut feststellen konnte.

6. Fallbeispiel: Höhle der Löwen

Das nächste Fallbeispiel ist ein Szenario aus einer TV-Show. Es ist ein Beispiel aus der Fernsehsendung „Die Höhle der Löwen".

Zur Erklärung: Die Höhle der Löwen ist eine deutsche Unterhaltungsshow in dem Startups, Unternehmensgründer oder Erfinder ihre innovativen Geschäftskonzepte vorstellen, um für Kapital zu werben. Geworben wird dabei vor den sogenannten „Löwen". Diese sind Investoren, die ihr Geld in die vorgestellten Unternehmen ihrer Wahl investieren um sie mit ihrem Wissen, Erfahrung oder ihrem Netzwerk begleiten.

In der Folge vom 30. Mai 2022 stellten 2 Herren ihre Erfindung, die „Rollyz", vor. Dabei handelt es sich um Rollen für den Transport von Möbeln. Nach ihrem Pitch, indem sie die verschiedenen Modelle vorgestellt haben übergeben sie das Wort an die Löwen. Ab diesem Zeitpunkt kann man die verschiedenen Techniken des Aktiven Zuhörens erkennen. Nachdem alle Löwen das vorgestellte Produkt in die Hände bekommen haben, wird das erste Mal von Ralf Dümmel, einem der Löwen, zusammengefasst, um was es sich genau handelt und welchen Verpackungsinhalt der Konsument mit der Box bekommt, die auch die Löwen bekommen haben. Nach diesem Paraphrasieren starten bereits die ersten Nachfragen nach dem Produkt. So wird beispielsweise in Erfahrung gebracht, wie hoch der Preis ist, welche Herstellungskosten das Unternehmen hat, ob Konkurrenz vorhanden ist und wie hoch der Umsatz bereits ist.

Nachdem einer der Erfinder darauf antwortet und behauptet, es würde kein derartiges Produkt auf dem Markt geben reagiert Herr Dümmel direkt mit der Aussage: „Moment, jetzt lassen wir mal die Kirche im Dorf, Transportrollen gibt es sehr viele…".

Bei dieser Aussage handelt es sich klar um eine Bagatellisierung damit den Erfindern klar gemacht wird, dass sie ein Produkt haben, welches mit der Funktion schon existiert. Danach äußern sich die anderen Löwen und sagen, dass dieses Produkt nicht ihr Thema sei und für sie als Investment uninteressant ist.

Darauf folgt eine weitere Zusammenfassung, welche Löwen noch Interesse an diesem Investment haben und welche schon abgesagt haben, daran kann man nach der Bagatellisierung den nächsten Schritt des aktiven Zuhörens nach Rogers festmachen.

Herr Dümmel macht den Gründern dann ein Angebot mit dem er das verlangte Kapital zu einem höheren Firmenanteil anbieten würde. Dieses Angebot wird von einem der Löwen erneut zusammengefasst, damit alles Unklare aufgelöst ist. Am Ende dieser Zusammenfassung erklären sich die Erfinder für einverstanden und es kommt zu einem Deal.

7. Irrtümer des Aktiven Zuhören

Laut den Autoren Steil, Summerfield und DeMare sind über das Aktive Zuhören mehrere Irrtümer verbreitet.

Das Erste Irrtum über aktives Zuhören ist, dass Zuhören eine Sache der Intelligenz sei. Nach ausgiebigen Untersuchungen konnte diese These jedoch nicht bestätigt werden. Ganz im Gegenteil hatte man herausgefunden, dass einsatzfreudige und aktive Menschen aufgrund ihrer Zielstrebigkeit die schlechteren Zuhörer sind.

Die nächste These, die als falsch bewiesen wurde ist, dass das Zuhören eng mit dem Hörvermögen verbunden ist. Betroffen sind dadurch nur Personen, die durch alter- oder krankheitsbedingten einen Defekt im Hörapparat haben.

Die Bildungssysteme vernachlässigen außerdem häufig die erlernbare Fähigkeit des effektiven Zuhörens, da man der Ansicht ist, dass ein gebildeter Mensch in der schulischen Ausbildung bereits aufmerksames Lesen und Schreiben gelernt haben müsste. Dadurch müsste er auch das richtige Zuhören gelernt haben.

Das nächste Irrtum ist, dass es viel wichtiger ist lesen zu lernen als Zuhören zu lernen. Da der Mensch etwa dreimal so viel Information auditiv wie per Schrift aufnimmt ist diese Aussage ebenfalls ein Irrtum.

Aktives Zuhören ist ebenfalls keine Sache des eigenen Willens. Willenskraft ist zwar für einige Dinge essentiell, aber für Empathie und Verständnis ist diese nicht erforderlich.

Laut einigen Professoren, wie zum Beispiel dem bereits erwähnten Lyman K. Steil hängt das Gelingen einer guten Kommunikation überwiegend vom Zuhörer ab. Das heißt, dass Zuhören sehr wohl Geschick und Anstrengung erfordert und nicht wie ursprünglich behauptet passiv sei.[6]

---

[6] Lymann K. Steil, Joanne Summerfield, George DeMare,1986

8. Ausblick

Zusammenfassend lässt sich sagen, dass Aktives Zuhören bedeutet, sich seinem Gesprächspartner anzunehmen. Dabei handelt es sich aber nicht nur um eine Art des Gesprächsverhaltens. Die Hintergrundinformationen, die man durch den psychologischen Prozess des Zuhörens erlangen kann, sollen dabei helfen, die Grundeinstellung zu verstärken. Aktives Zuhören muss Teilweise auch trainiert und geübt werden, aber wenn man diese Modelle sich aneignet, kommt es dem Zuhörerverhalten zugute.

Literaturverzeichnis

- Bay, R. Erfolgreiche Gespräche durch aktives Zuhören, expert Verlag, 2021

- Lymann K. Steil, Joanne Summerfield, George DeMare: Aktives Zuhören. Anleitung zur erfolgreichen Kommunikation. Sauer, 1986

- Rogers, C, 1961

- Rogers, C: Entwicklung der Persönlichkeit: Psychotherapie aus der Sicht eines Therapeuten. Klett-Cotta, Stuttgart, 1973

- Weinberger, Sabine: Klientenzentrierte Gesprächsführung Eine Lern- und Praxisanleitung für helfende Berufe, Beltz Verlag, Weinheim und Basel, 8. Auflage, 2013

Anhang: Präsentation

Erfolgreiche Gespräche durch
Aktives Zuhören, Carl Rogers

Präsentation von Tassilo Wölflein, am 4.7.22

Wer war Carl Rogers ?

- 1902 in Chicago geboren
- Psychologe
- Personenzentrierte Gesprächsführung
- Zuhören als effektives Werkzeug für die Therapie
- 1987 in Kalifornien gestorben

Agenda

- Wer war Carl Rogers ?
- „Carl Rogers Empathie, Akzeptanz, Kongruenz" Video
- Grundannahmen
- Techniken beim Aktiven Zuhören
- Fallbeispiel

Carl Rogers Empathie, Akzeptanz, Kongruenz

- https://www.youtube.com/watch?v=pZil2RSkvXo&t=2s

Personenzentrierte Gesprächsführung

„Wirksame Beratung besteht aus einer eindeutig strukturierten, gewährenden Beziehung, die es dem Klienten ermöglicht, zu einem Verständnis seiner selbst in einem Ausmaß zu gelangen, das ihn befähigt, aufgrund dieser neuen Orientierung positive Schritte zu unternehmen." (Carl Rogers)

Empathie

- Einfühlungsvermögen falls vorhanden -> „powerfull experience"
- Gefährte in der Inneren Welt des Patienten

Akzeptanz

- Akzeptieren des Anderen
- Nicht nutzbringend falls nicht vorhanden

Innersten Gefühle

- Form der tieferen Anerkennung
- Innersten Gefühle des Therapeuten übereinstimmend ?

Grundannahmen

- Unterliegt den Annahmen der humanistischen Psychologie

- Ziel: Klient gelangt selbstständig zur adäquaten Sichtweise

- Weg zum Ziel: „Anerkennung der Einzigartigkeit des Klienten und Respektierung seines Fühlens"

- Therapeut konzentriert sich vollkommen auf die Erlebniswelt des Klienten und versucht sich dieser bewusst zu werden

- Inkongruenz (Unstimmigkeit) zwischen Selbstkonzept und den Erfahrungen des Klienten aufzulösen

Grundannahmen von Lyman Steil

WIBR-Modell

- Wahrnehmung

- Interpretation

- Bewertung

- Reaktion

Techniken beim Aktiven Zuhören

- Paraphrasieren

- Verbalisieren

- Nachfragen

- Zusammenfassen

- Unklares aufklären

„Ja, und dann gibt es eben sehr viele, die mich nicht mögen, einfach so. Dabei kennen sie mich eigentlich kaum. Ich weiß gar nicht, wieso das so ist."

- A: War das schon immer so **(Fragestellung)**

- B: Versuch doch einfach mal, auf die anderen zuzugehen. **(Ratschläge geben)**

- C: Du solltest nicht so viel rumgrüblen...Das ist das Verkehrteste, was du tun kannst. **(Werturteil abgeben)**

- D: Nimm das doch nicht so tragisch. **(Bagatellisierung)**

- E: Das Beschäftigt dich ziemlich stark, warum du abgelehnt wirst. **(Klientenzentrierte Gesprächsführung)**

Techniken beim Aktiven Zuhören

- **Paraphrasieren**
- Aussagen in eigenen Worten zusammengefasst
- Wieviel Firmenanteile angeboten werden
- **Verbalisieren & Nachfragen**
- Emotionen des Unternehmers verbalisieren
- Wieviel Umsatz etc.
- **Zusammenfassen**
- Möglichkeit noch etwas zu ergänzen
- **Unklares aufklären**
- Nachhaken bis alles gelöst ist

- Deal or no Deal !

Vielen Dank für eure Aufmerksamkeit !